www.ingramcontent.com/pod-product-compliance
Lightning Source LLC
Chambersburg PA
CBHW060854220526
45466CB00003B/1372
* 9 7 8 1 6 9 3 8 8 1 8 1 7 *